아프리카 원숭이들이
북극으로 이사 가요!

글 이향안

대학에서 국문학을 공부했습니다. 제3회 SBS TV 문학상을 받았고, 《별난반점 헬멧똥과 X사건》으로 2016년 웅진주니어 문학상을 받았습니다. 첫 동화 《광모 짝 되기》를 시작으로 창작 동화를 비롯해 역사, 인물, 교양 분야의 다양한 어린이 책을 쓰고 있습니다.
쓴 책으로 《수리수리 셈도사 수리》, 《그 여름의 덤더디》, 《채채의 그림자 정원》, 《팥쥐 일기》, 《나도 서서 눌 테야!》, 《어느 날 우리 집에》, 《오늘부터 노채소 클럽》 등이 있습니다.

그림 정현지

대학에서 공예를 공부했고, 지금은 어린이 책에 그림을 그립니다.
그린 책으로 《나, 화가가 되고 싶어!》, 《달라도 친구》, 《두근두근 거실 텐트》, 《서로 달라 재미있어!》, 《허둥지둥 얼렁뚱땅》, 《우리 첫 명절 설날 일기》 등이 있습니다.

| 이 책에 대한 설명 |

세계 지도에서 우리가 사는 곳이 어디쯤에 있는지 찾아본 적 있나요? 우리나라는 아시아 대륙 동쪽에 위치해요. 따뜻한 날씨와 추운 날씨가 고루 나타나는 온대 기후 지역에 해당하지요. 우리는 사계절 다른 옷을 입고, 봄여름에 농사를 짓고 가을에 곡식을 거두어들여요. 이렇게 세계 사람들의 사는 방식은 사는 곳의 자연이나 기후, 산업 등에 따라 달라져요.
이 책에 등장하는 원숭이들과 펭귄들도 사는 방식을 바꿔 보기 위해 새로운 곳으로 이사를 해요. 세계 지도를 펼쳐 들고 아프리카에 살던 원숭이는 북극으로, 남극에 살던 펭귄은 아마존으로 이동하지요. 이들의 이동 경로를 따라 가다 보면, 세계 곳곳의 지리에 대해 자세히 배울 수 있답니다.

스콜라 꼬마지식인 23

아프리카 원숭이들이 북극으로 이사 가요!

이향안 글 | 정현지 그림

위즈덤하우스

유난히 무덥던 어느 날,
아프리카 밀림의 원숭이들이 고함을 질러 댔어.
"더위라면 지긋지긋해. 시원한 곳에서 살면 얼마나 좋을까!"
"맞아! 우리도 시원한 바람이 술술 부는 곳에서 살고 싶어!"
이제는 더위를 참기 힘들어진 거야.
대장 원숭이 캉캉이는 중대한 결정을 내렸지.
"좋아! 다 같이 이사를 가자. 세계에서 가장 시원한 곳으로!"

꽁꽁 언 남극 땅, 펭귄 무리에서도 소란이 벌어지고 있었어.
"추위라면 지긋지긋해. 따뜻한 곳에서 살면 얼마나 좋을까!"
"맞아! 우리도 햇볕이 쨍쨍 내리쬐는 곳에서 살고 싶어!"
펭귄 대장 꽉꽉이도 중대한 결정을 내려야 했지.
"좋아! 다 같이 이사를 가자. 세계에서 가장 따뜻한 곳으로!"

펭귄들도 마찬가지였어.
"이 지도는 지형도라서 땅과 바다, 나라가 어디에 있는지는 알 수 있지만 어디가 따뜻한지는 알 수 없어! 다른 지도가 필요해!"

북극해

북아메리카

태평양

대서양

이곳이 우리가 사는 곳이야.

남아메리카

남극

펭귄들은 열심히 지도 뭉치를 뒤적였어.
그리고 마침내 딱 좋은 지도를 찾아냈지.
"이거야! 기후구분도! 이 지도는 기후에 따라
지역을 구분하고 있어."
펭귄들은 지도를 보며 열심히 회의를 했지.
"열대 기후 지역이 가장 따뜻한 곳이야."
"아프리카 중부 지역과 남아메리카 아마존 밀림이
대표적인 열대 기후 지역이네. 어디로 갈까?"

기후구분도

아마존

"아마존 밀림에는 다양한 동물들이 산다는 소문을 들은 적이 있어. 거기가 좋지 않을까?"
펭귄 대장 꽉꽉이는 결정을 내렸어.
"좋아! 아마존으로 이사를 하자!"

- 열대 기후
- 건조 기후
- 온대 기후
- 냉대 기후
- 한대 기후

기후를 알고 싶다면 주제도를 봐야 해!

지도는 보통 지형도와 주제도로 나눌 수 있어. 지형도는 모든 지도를 그릴 때 바탕이 되는 지도로 일반도라고도 해. 반면 목적(주제)을 두고 그려진 지도는 주제도라고 하는데, 이용하는 목적에 따라 제각각 달라. 관광지를 알 수 있는 관광지도, 교통 시설을 알 수 있는 교통 지도, 면적을 표시한 면적 지도 등이 있어. 인구 밀도를 알고 싶을 때도 인구를 표시한 주제도를 보면 돼. 기후구분도도 주제도의 일종이야.
주제도는 생활 속에서 다양한 정보를 얻을 수 있는 편리한 지도야.

남극

원숭이들도 기후구분도를 펼쳐 놓고 고민에 빠졌어.
"한대 기후 지역이 가장 추운 곳이래. 거긴 정말 시원하겠지?"
"한대 기후 지역 가운데 가장 추운 곳은 어디일까?"
"남극과 북극이야."
"그럼 그곳으로 이사를 가자. 남극과 북극 중에서는 어디가 더 추울까?"
"남극이 더 춥대. 얼마나 추운지 남극에는 사람이 살지 않을 정도래. 연구를 위해 잠시 머무르는 사람들만 있다더군. 그래서 펭귄이나 바다표범처럼 추위를 잘 이기는 동물만 산대."
"그러면 우리도 남극에서는 살기가 힘들겠지?"
고민 끝에 원숭이 대장 캉캉이도 결정을 했어.

북극

좋아!
그럼 북극으로
이사를 가자!

세계의 기후는 왜 다를까?

그건 우리가 사는 지구가 둥글기 때문이야.
둥근 모양 탓에 지역마다 햇빛을 받는 양이 다르고 그 때문에 기후가 달라지지.
햇빛을 많이 받는 곳은 따뜻하고, 적게 받는 곳은 추워.
지구의 기후는 크게 열대, 건조, 온대, 냉대, 한대 지역으로 나눌 수 있어.
우리나라는 따뜻한 날씨부터 추운 날씨까지 고루 나타나는데, 이런 지역을 온대 기후 지역이라고 해. 더운 날씨만 나타나는 곳도 있는데, 열대 기후 지역이 그런 곳이야. 한대 기후 지역은 반대로 추운 날씨만 나타나는 지역이야. 한대보다 조금 덜 추운 냉대 기후 지역도 있고, 일 년 내내 비가 거의 오지 않는 건조 기후 지역도 있어.
각 지역은 기후에 따라 자연환경, 사는 동물과 식물, 사람들의 생활 모습이 다르지.

이삿날이 되었어.
넓은 바다를 건너서 배로 이동해야 하는 험한 이사 길이었지.
원숭이 대장 캉캉이는 지도를 펼치고
이사 갈 북극의 위치를 정확히 확인했어.
"자리표를 확인하면 북극의 위치를 정확히
알 수 있지. 자리표는 지도의 주소거든."

펭귄 대장 꽉꽉이도 자리표를 확인해서
아마존의 위치를 자세히 파악했어.
"아마존 강은 적도 부근이군."
이사할 위치를 확인했으니 이젠 힘차게 출발해야 해.
"북극을 향해 출발!"
"아마존을 향해 출발!"

'자리표'는 지도의 주소야!

원하는 곳에 가려면 주소를 알아야 하지. 지도의 주소는 **자리표**(좌표)야. 위선과 경선이 만나는 곳을 자리표라고 해.
위선은 지도에서 남북 방향을 가리키는 것인데, 가로줄(위선)을 그어 **위도**를 재면 돼.
경선은 동서 방향을 가리키는 것으로, 세로줄(경선)을 그어 **경도**를 재면 되지.
위도를 표시할 때는, 적도의 아래쪽 남반구를 남위(S)로, 위쪽 북반구를 북위(N)로 표시해.
경도를 표시할 때는, 본초자오선을 기준으로 동쪽 동반구를 동경(E)으로, 서쪽 서반구를 서경(W)으로 표시하지.
우리나라의 자리표는 N37도 E126도야.

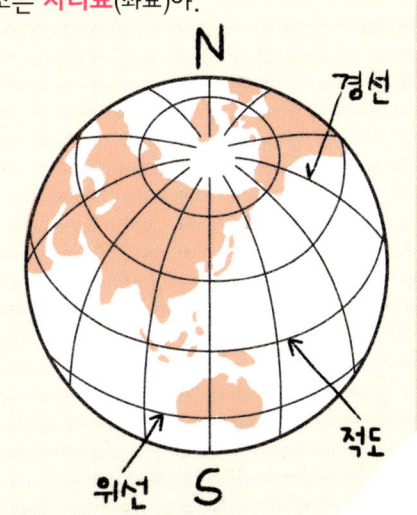

얼마나 배를 몰았을까?
"히야! 북극이다!"
원숭이들은 빙하가 하얀 북극에 도착했어.
그런데 북극은 시원해도 너무 시원하지 뭐야.
세상은 온통 차가운 얼음이고, 매서운 바람만 쌩쌩!
복슬복슬한 털에도 원숭이들은 온몸이 부들부들!
"에구 추워! 에구 추워!"
시린 발을 동동거려야 했어.
"추위를 피할 집부터 짓자!"
집을 지으려면 재료가 필요하지.
한데 아무리 둘러봐도 얼음밖에 없으니 어쩌면 좋아.
"얼음으로라도 집을 짓자!"

얼음집은 생각보다 따뜻했어.
"이제야 살 것 같네."
집이 해결되니 이젠 다른 문제가 생겼어.
"배고파 죽겠어. 먹을 걸 찾아보자."
하지만 꽁꽁 언 얼음 땅에서 대체 뭘 먹지?
원숭이들은 낙심했지만, 대장 캉캉이는 자신만만하게 소리쳤어.
"사방이 바다잖아.
얼어붙은 바다 얼음을 깨고 물고기를 잡아먹을 수 있어!"

북극에도 사람이 살까?

북극은 아주 추운 곳이지만 이곳에도 사람이 살고 있어.
옛날부터 북극해 주변에 살던 원주민들을 **이누이트**라고 해.
이누이트는 추위를 이기기 위해 얼음집을 짓고 사는데, 그걸 **이글루**라고 하지.
이누이트는 두꺼운 털옷을 입고 바다에서 물개와 물고기를 잡아서 먹고 살아.
옛날에는 너무 추워서 농사를 지을 수 없었는데, 지금은 온난화로 기온이 올라가서 여름에는 밭농사를 짓기도 해.

펭귄들도 아마존에 도착했어.
"히야! 따뜻하다! 저 나무 좀 봐. 과일이 주렁주렁 달렸어.
강물도 전혀 얼지 않았어."
처음 보는 초록 밀림에 펭귄들은 환호성을 질러 댔지.
그런데 기쁨은 잠깐뿐이었어.
내리쬐는 태양에 땀은 줄줄!
바람조차 없는 후텁지근한 날씨에 정신마저 가물가물!
너무 더워서 제 가죽이라도 벗고 싶을 지경이지 뭐야.
"햇볕을 피할 집을 짓자!"

집을 짓는 일은 어렵지 않았어.
사방에 널린 나뭇잎과 나뭇가지를 이용하면
뚝딱뚝딱 금세 나뭇잎 집이 완성되었거든.
"히야! 그늘에 있으니 그래도 살 만하네."

그런데 이건 또 무슨 일이람.
주룩주룩 쏴아아~
뙤약볕을 피하자, 이번에는 장대 같은 비가 무섭게 쏟아지지 뭐야.
비가 오래도록 내리는 우기가 된 거지.
빗물에 둥둥 떠내려가는 나무집을 보며 펭귄들은 겁에 질렸어.
"이러다가 우리도 비에 떠내려가 버릴 것 같아!"

열대 기후 지역은 동물의 왕국

아프리카의 중부 지역과 남아메리카의 아마존 밀림, 동남아시아 등은 대표적인 열대 기후 지역이야.
이 지역들은 하루에도 몇 번씩 비가 내리고, 일 년 내내 뜨거운 여름이 계속되지.
사람들은 나뭇가지와 나뭇잎으로 만든 집에서 햇볕을 피하는데, 한낮에는 너무 더워서 낮잠을 자고 주로 시원해진 오후에 활동해.
열대의 우거진 정글에는 긴팔원숭이, 악어, 비단구렁이, 고릴라 같은 동물들이 살고, 너른 초원에는 기린과 얼룩말 같은 초식 동물과 사자와 표범 같은 육식 동물이 살아. 아마존 밀림에는 아나콘다 등의 희귀한 동물도 살지.
그래서 열대 기후 지역은 동물들의 왕국으로 불리고 있어.

"여기서는 더 못 살겠어.
다른 곳으로 가 보자."
펭귄들은 다시 길을 떠나기로 했어.
"따뜻하고 살기 좋은 곳이 어딘가에 있을 거야."

얼마나 갔을까? 멀리 모래 언덕이 보이기 시작했어.
누런 모래땅 위로 마른 바람이 휘이잉 지나가는 광활한 곳이었어.
"아하! 여기가 소문으로 듣던 사막이구나!"
펭귄들은 언젠가 들은 소문을 기억해 냈어.
"사막은 비가 잘 오지 않는 곳이랬어."
장대 같은 비에 놀란 터라 그 사실만으로도 펭귄들은 안심했어.
"좋아! 여기서 살아 보자."

그런데 펭귄들은 이내 지치고 말았어.
사막은 비가 안 내려도 너무 안 내리는 거야.
눈앞을 가리는 모래바람은 휘이잉~ 휘이잉~
살갗을 태워 버릴 것 같은 뜨거운 태양은 이글이글!
"아이고! 목말라!"
펭귄 대장 꽥꽥이는 사방을 두리번거렸어.
"오아시스를 찾아야 해! 오아시스를!"
사막에는 어쩌다 지하수가 솟아 물이 괴인 웅덩이들이 생기는데,
그걸 오아시스라고 하지.
오아시스를 만난다면 물을 마실 수 있을 거야.
하지만 가도 가도 끝이 보이질 않는 모래뿐이지 뭐야.
"이러다간 모두 말라 죽겠어. 어쩌면 좋아!"

사막의 생명수, 오아시스

아프리카 북부와 오스트레일리아의 사막 지역 등은 건조 기후 지역이야.
한낮에는 뜨거운 태양이 이글거리지만, 밤에는 기온이 뚝 떨어져 버리지.
사막은 일 년 내내 비가 내리지 않을 때가 많아서 낙타나 방울뱀처럼
물을 자주 먹지 않아도 되는 동물들이 주로 살아.
사막에는 종종 물웅덩이가 생겨서 나무가 자라는
곳이 나타나는데, 이걸 **오아시스**라고 해.
사람들은 주로 오아시스 가까운 곳에 마을을
이루고 염소와 같은 가축을 기르며 살아.
이 지역 사람들은 뜨거운 햇볕과 모래바람을
막기 위해서 온몸이 가려지는 옷을 입지.

원숭이들도 또다시 이사를 결정했어.
먹을 것을 구하기도 어렵고, 추위를 참아 내기가
무척 힘들었거든.
"북극은 너무 추워! 덜 추운 곳으로 가 보자."
원숭이들은 좀 더 따뜻한 곳을 찾아 남쪽으로 이동했지.
얼마나 갔을까? 바람이 예전보다 덜 차갑게 느껴졌어.
북극에서는 볼 수 없던 여우도 보이고, 잎이 뾰족한
나무들이 하늘을 찌를 듯 솟은 숲도 보였지.
냉대 지역으로 온 거야.
"이곳은 살 만하겠어!"

하지만 안도하는 마음도 잠시였어.
조금 덜 추울 뿐, 이곳도 추위가 만만치 않았거든.
추위와 피곤함에 지친 원숭이들은 고픈 배를
움켜잡고서 벌벌 떨었지.
지나가던 여우는 그 모습에 혀를 끌끌 찼어.
"열대 지방 원숭이들이 어쩌다 여기까지 왔을까?
저러다가 모두 얼어 죽겠는걸. 인간들처럼
통나무집에 들어가 벽난로라도
피우지 않는다면 말이야. 쯧쯧!"
그런데 통나무집은 어디서 구한담?
벽난로는 또 언제 만들고 말이야.
원숭이들은 울상이 되었지.
"우리는 모두 얼어 죽을 거야!"

냉대 기후 사람들이 추위를 이기는 법

길고 긴 겨울이 이어지는 날씨를 냉대 기후라고 하는데, 러시아와 북부 유럽이 대표적인 냉대 기후 지역이야.
한대 기후 지역보다는 여름이 길고 따뜻하지만, 그 외 다른 지역보다는 겨울이 무척 길고 춥지.
그 때문에 지렁이나 개구리, 뱀 같은 작은 생물은 살 수가 없어.
냉대 기후 지역에는 잎이 뾰족한 침엽수들이 많이 자라. 그래서 사람들은 나무를 이용해 통나무집을 짓고 혹독한 추위를 견디기 위해 집 안에 벽난로를 만들지. 집에서 벽난로를 피우며 추운 겨울을 이겨 내는 거야.

그때, 철새 한 마리가 원숭이 무리 위를 날아가며 종알거렸어.
"이곳은 언제 와도 바람이 차가워. 살기에는 역시 춥지도
덥지도 않은 아시아의 봄 날씨가 최고인데 말이야."
원숭이들은 귀가 번쩍 뜨였지.
"뭐? 춥지도 덥지도 않은 곳이 있다고? 거기가 어디야?"
철새는 나뭇가지에 내려앉으며 말했어.
"어디긴 어디야. 봄, 여름, 가을, 겨울, 사계절이 뚜렷한
온대 기후 지역이지."
원숭이 대장 캉캉이는 품에서 기후구분도를 꺼내 펼쳤어.
"아하! 아시아와 서유럽 등이 온대 기후 지역이구나."

그 시간, 펭귄들도 철새 한 마리를 만나 온대 기후 지역 이야기를 듣고 있었어.
"온대 기후 지역은 사계절이 뚜렷해서 봄에는 꽃이 피고, 여름에는 수풀이 우거지지. 가을에는 알록달록 단풍이 들고, 겨울에는 하얀 눈이 펑펑 내린단다. 봄과 가을은 춥지도 덥지도 않은 딱 좋은 날씨라 살기가 그만이지."
"히야! 춥지도 덥지도 않은 날씨라고? 딱 우리가 찾는 날씨야! 그곳 이야기를 더 들려줘."
펭귄들은 옹기종기 둘러앉아 철새의 이야기를 들었지.

"사계절 날씨가 각각 달라서 그 지역 사람들은 계절에 따라 옷을 갈아입어야 해."
"히야! 그것참 재밌겠는걸."
"계절에 따라 하는 일도 달라. 농부들은 봄에 씨를 뿌리고, 여름에 잘 길러서, 가을에는 곡식을 거두어들인 뒤 겨울을 풍요롭게 보내지."
"히야! 심심할 틈이 없겠는걸."

펭귄 대장 꽥꽥이는 결심했어.
"좋아! 온대 기후 지역으로 다시 이사를 하자!"
그런데 서유럽과 아시아 중 어디가 좋을까?
"철새야! 어디로 가는 게 좋을까?"
"두 곳 다 좋지만, 이왕이면 아시아로 가 보렴.
내가 지금 아시아에서 날아왔기 때문에 가는 길을
정확히 알려 줄 수 있거든."
철새는 지도를 펼쳐 놓고 아시아로 가는 길을 알려 주었지.
"거리가 얼마나 되는지도 확인해 보자."
대장 꽥꽥이는 자를 꺼내 지도의 축척을 통해 거리까지 확인했어.
"준비 완료! 아시아를 향해 출발!"

거리를 알려 주는 축척

지도는 실제 지구의 모습을 작게 줄여서 그려 놓은 거야.
그럼, 실제 거리는 어떻게 알 수 있을까?
축척을 알면, 실제 거리도 쉽게 알 수 있어. 축척은 지표상의 실제 거리를 지도상에 줄여 나타낸 비율이거든.
예를 들어, 지도상에서 두 지점 사이의 거리가 3cm라면 실제 거리는 얼마일까?
만약 사용한 지도의 축척이 1:100,000이라면, 지도에서 1cm 거리는 실제로 100,000cm라는 의미야.
즉, 3×100,000=300,000cm가 되니까, 3km가 되는 거지.

몇 날 며칠 배를 몰던 펭귄들 눈앞에 새로운 땅이 나타났어.
"히야! 춥지도 덥지도 않은 살기 좋은 땅이다!"
펭귄들은 서둘러 배에서 내렸지.
그런데 땅에 발을 디디자마자 펭귄들은 화들짝 놀라고 말았어.
"헉! 저게 뭐야?"
시커먼 무리가 우르르 몰려 있는 모습이 보였거든.
오랜 여행에 지친 듯 초췌한 저 무리는?
그래! 원숭이들이었어.

눈이 마주친 순간, 펭귄들과 원숭이들은 서로의 처지를 알아차렸어.
펭귄들의 꼬락서니도 원숭이들과 다를 게 없었거든.
"너희도 살 만한 곳을 찾아서 떠돌고 있구나?"
"그럼 너희도?"
"그래! 이왕 이렇게 된 거, 여기서 같이 잘 살아 보자꾸나!"

이제 펭귄들과 원숭이들은 잘 살게 되었을까?
사실 춥지도 덥지도 않은 봄은 살 만했어.
하지만 이내 무더운 여름이 왔지 뭐야.
"에구구! 여름이 되니 여기도 덥잖아!"
여름 뒤에 찾아온 가을은 금세 가고, 이번에는
추운 겨울이 찾아왔지.
"에구구! 겨울은 또 왜 이리 추운 거야!"
더웠다가 추웠다가! 다시 더웠다 또 추웠다가!
"더위에 적응할 만하면 추워지고, 추위에 적응할 만하면 더워지고!
아이고! 못 살겠다! 못 살겠어!"

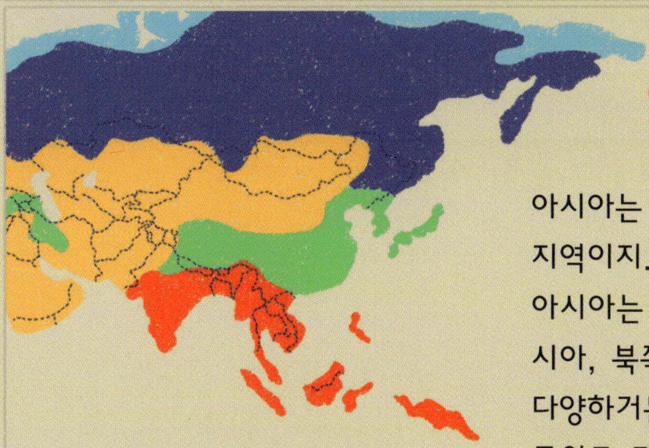

아시아라고 다 온대 기후는 아니야!

아시아는 서유럽과 더불어 대표적인 온대 기후 지역이지. 하지만 모두 온대 기후인 건 아니야. 아시아는 적도와 중위도, 서남아시아, 동남아시아, 북쪽까지 널리 분포하기 때문에 기후가 다양하거든.

중위도 지역(우리나라, 일본, 중국 북부)은 온대 기후지만 적도 부근은 열대 기후야. 서남아시아 및 고비 사막 지역은 건조 기후고, 동남아시아는 열대 우림 기후, 북쪽 시베리아는 냉대 기후에 속하지.

원숭이와 펭귄 무리에 이상한 현상이 생겨난 건
그 무렵이야. 밤만 되면 펭귄들이 남극 쪽을 보며
꺼이꺼이 우는 거야.
"하얀 얼음 꽁꽁 얼고, 싱싱한 생선 가득한
남극 바다가 그리워라! 꺼이꺼이!"
원숭이들은 아프리카 쪽을 보며 울었어.
"따뜻한 햇볕 내리쬐고, 먹을 것 천지인
아프리카 초원이 그리워라! 꺼이꺼이!"

결국 원숭이 대장 캉캉이와 펭귄 대장 꽉꽉이는
중대한 결정을 내려야 했지.
"고향으로 돌아가자!"

기후에 따른 음식 문화

세계 각 지역은 기후에 따라 음식 문화도 조금씩 다르게 발달했어.

열대 기후와 건조 기후 지역의 음식

숲에서 쉽게 구할 수 있는 과일을 이용한 요리가 많아.

날씨가 더워서 재료가 상하기 쉬운 터라 기름에 넣고 가열해서 조리하는 음식이 많고, 강렬한 향신료를 이용한 요리가 발달하게 되었지.

특히 인도 음식은 강렬한 향신료를 넣은 요리로 유명해.

온대 기후 지역의 음식

온대 기후 지역은 사계절에 걸쳐 생산되는 요리 재료가 풍부하다 보니 음식 종류와 조리법이 다양한 게 특징이야.

곡식과 채소를 주로 이용하는데, 향신료를 적당히 사용하는 중국 요리는 세계적으로도 유명하지.

냉대 기후 지역과 한대 기후 지역의 음식

추운 지역이라 요리 재료를 다양하게 구하기는 힘들어.

그래서 생선과 육류, 유제품을 이용한 담백한 요리들이 발달했지.

드넓은 평원이 많은 네덜란드는 특히 고기와 우유, 치즈 맛이 좋기로 유명해.

북극은 가열이 쉽지 않은 환경이다 보니 생고기 요리도 발달했지.

"펭귄들아, 잘 가!"
"원숭이들아, 잘 가!"
원숭이들과 펭귄들은 인사를 나눴어.
그리고 신나게 배를 저었지.
원숭이들은 아프리카를 향해서!
펭귄들은 남극을 향해서!

그 후, 원숭이들과 펭귄들은 어떻게 됐냐고?
고향 땅에 도착한 원숭이들은 환호성을 질렀어.
"히야! 상큼한 풀과 과일 냄새! 고향의 향기야!
역시 우리 아프리카가 최고야!"
펭귄들도 마찬가지였지.
"히야! 비릿비릿한 얼음과 물고기 냄새!
고향의 향기야! 역시 우리 남극이 최고야!"

우리가 세계의 땅을 나누는 다양한 방법

이상해!
내가 사는 땅은 아시아라고도 하고,
온대 기후 지역이라고도 해.
또 동아시아 문화 지역이라고도 한대.
같은 땅인데, 왜 이렇게 명칭이 다를까?
그건 지역을 구분하는 방법이 달라서 그런 거야.

≫ 우리가 사는 땅은 기후에 따라 나눌 수 있어. 〈기후구분도〉

대표적으로 열대 기후 지역, 건조 기후 지역, 온대 기후 지역, 냉대 기후 지역, 한대 기후 지역으로 나뉘지.

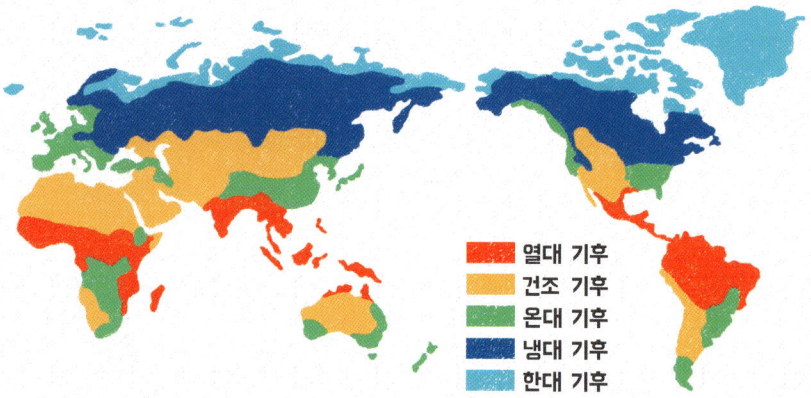

≫ 대륙별로 나눌 때는 오대양 육대주로 나누지. 〈지형도〉

오대양은 다섯 개의 큰 바다라는 의미로 '태평양, 대서양, 인도양, 남극해, 북극해'를 말해.
육대주는 여섯 개의 커다란 땅덩이라는 의미로 '아시아, 유럽, 아프리카, 남아메리카, 북아메리카, 오세아니아'를 말하지.

≫ 문화 차이를 기준으로 나눌 수도 있어.

† 유럽 문화 지역은 백인 중심의 기독교가 발달한 지역이야.

† 이슬람(건조) 문화 지역은 대부분 이슬람교를 믿고 아랍어를 사용해.

† 아프리카 문화 지역 사람들은 부족 단위의 공동체 생활을 하며 살아왔어.
그 때문에 다양한 종족의 언어와 문화가 발달했지.

† 동아시아 문화 지역은 벼농사 위주의 한자 문화 지역이야. 우리나라와 중국, 일본이 여기 속하는데, 예부터 유교와 불교가 발달했어.

† 동남아시아 문화 지역은 중국과 인도의 영향을 많이 받은 지역으로 인종이 다양해. 불교, 이슬람교, 기독교 등의 다양한 종교와 언어가 발달했어.

† 인도 문화 지역은 불교와 힌두교의 발상지로 주민 대부분이 힌두교를 믿고 있어.

† 북극 문화 지역은 북극해 연안의 툰드라 지역을 중심으로 유목 생활이 발달했어.

† 앵글로아메리카 문화 지역 사람들은 주로 기독교(개신교)를 믿고 영어를 사용해. 산업이 발달한 곳으로 여러 인종이 살고 있지.

† 라틴 아메리카 문화 지역은 주로 기독교(가톨릭교)를 믿으며, 대부분 에스파냐어와 포르투갈어를 사용해.

† 오세아니아 문화 지역은 영국계 백인들이 이주하면서 이루어진 지역이라서 유럽 문화의 영향을 많이 받았어. 그래서 기독교(개신교)를 믿으며, 영어를 사용하지.

지구에 나타나는 이상한 현상들!

최근, 지구에 이상한 현상들이 나타나고 있어!
북극과 남극의 얼음이 녹아내리고, 사계절이 뚜렷하던
온대 지역에서는 봄과 가을이 사라지며 여름이 길어지고 있어.
아프리카에서는 비가 내리지 않아 사람들이 굶주리고,
비옥하던 땅도 누런 사막으로 변하고 있지.
왜 이런 일들이 벌어지는 걸까?

그 이유는 바로 무분별한 개발이 불러온 환경 파괴 때문이야.
'지구의 폐'로 불릴 정도로 공기가 깨끗하던 아프리카와 아마존 밀림이 무분별한 개발로 사라지고 있어.
전 세계적으로도 환경 오염 때문에 오존층이 파괴되면서 지구가 더워지는 온난화 현상이 심해지고 있지.
그러다 보니 북극과 남극의 얼음이 녹게 되었고, 지구 온도는 더욱 높아져서 사막화 현상까지 나타나게 된 거야.

지구가 더워지면서 전 세계적으로 고유의 문화도 달라지고 있어.
기후의 변화로, 생산되는 농작물이 달라지고 자라는 식물과 동물도 달라지기 때문이지. 그에 따라 의식주 등의 문화에도 변화가 생길 수밖에 없는 거야.
고유의 문화를 지키고 싶다고?
그렇다면 지구 기후 변화를 막기 위해 환경을 보호하고 지키는 일부터 해야 할 거야.

꼬마지식인 23
아프리카 원숭이들이 북극으로 이사 가요!

초판 1쇄 발행 2017년 10월 20일 **초판 4쇄 발행** 2025년 1월 2일

글 이향안 **그림** 정현지
펴낸이 최순영

교양 학습 팀장 김솔미
키즈 디자인 팀장 이수현 **디자인** 오세라

펴낸곳 ㈜위즈덤하우스 **출판등록** 2000년 5월 23일 제13-1071호
제조국 대한민국 **주소** 서울특별시 마포구 양화로 19 합정오피스빌딩 17층
전화 02)2179-5600
홈페이지 www.wisdomhouse.co.kr **전자우편** kids@wisdomhouse.co.kr

ⓒ 이향안·정현지, 2017

ISBN 978-89-6247-887-7 74080

* 이 책의 전부 또는 일부 내용을 재사용하려면 반드시 사전에 저작권자와
  ㈜위즈덤하우스의 동의를 받아야 합니다.
* 인쇄·제작 및 유통상의 파본 도서는 구입하신 서점에서 바꿔드립니다.
* 이 책의 사용 연령은 8~13세입니다.
* 책값은 뒤표지에 있습니다.